a Psychologie *dans*

les Drames de SHAKSPEARE.

Paris

Avril 1876

A MON AMI

LE DR CHARLES JAMES CAMPBELL

TÉMOIGNAGE DE SINCÈRE AFFECTION

LA
PSYCHOLOGIE

DRAMES DE SHAKSPEARE

PAR

LE DR ONIMUS

PARIS

IMPRIMERIE DE J. CLAYE

RUE SAINT-BENOIT

—

1876

EXTRAIT DE LA *REVUE DES DEUX MONDES*

LIVRAISON DU 1ᵉʳ AVRIL 1876

LA PSYCHOLOGIE MÉDICALE

DANS

LES DRAMES DE SHAKSPEARE

Tout semble avoir été dit sur Shakspeare. Depuis des siècles déjà, chez tous les peuples, la critique aurait épuisé ses recherches sur le poète et sur le philosophe, si un tel sujet n'était de sa nature inépuisable. Cependant le côté scientifique de cette vaste et puissante intelligence, la profondeur et la finesse de ses intuitions psychologiques, si j'ose le dire, la pénétration et la justesse de son coup d'œil d'aliéniste, n'ont guère été encore étudiés. Des médecins anglais et américains, M. Bucknill et M. Kellog surtout, ont naguère appelé l'attention sur la singulière exactitude des observations et de la science intuitive de Shakspeare dans le domaine des maladies mentales. Ces médecins se sont presque uniquement occupés des personnages atteints d'aliénation mentale ou simulant la folie; tous ont admiré avec raison la science de Shakspeare et l'exactitude vraiment étonnante avec laquelle il a décrit cette maladie. Ce n'est pas seulement dans l'étude de la folie que Shakspeare se montre observateur profond; il a su, presque dans chacun de ses drames, interpréter scientifiquement les troubles de nos sens et ceux de notre cerveau. Comment le poète qui a si bien connu l'humanité, qui a scruté si avant le cœur de l'homme, qui en a exprimé les passions avec une vie aussi intense, n'aurait-il pas été un grand psychologue, possédant toutes les qualités du véritable savant? Aussi, parmi les auteurs dramatiques, nul n'a poussé plus loin la connaissance des phénomènes de cet ordre, le sentiment intime des rapports de nos sensations et de nos idées. Il a dépeint en médecin l'homme tel que la nature l'a créé, jouet inconscient de son tempérament et de son organisation physique. A cet égard, il est arrivé à une telle justesse d'observation qu'aujourd'hui même, et malgré les progrès de la science, on ne saurait décrire plus rigoureusement qu'il ne l'a fait certains symptômes de la folie, les troubles de nos sens et la plupart des phénomènes de l'hallucination. C'est sous ces différens aspects que nous nous proposons d'examiner successivement les principales créations de Shakspeare.

I.

« Mon père ! Il me semble que je le vois par l'œil de mon âme, » dit Hamlet à Horatio, donnant ainsi en quelques mots la définition la plus courte et la plus exacte de l'hallucination. Aucun ouvrage spécial n'a mieux dépeint les phases et les conditions de ces illusions sensorielles que le monologue de Macbeth : « Est-ce un poignard que je vois devant moi, le manche tourné vers ma main ? Viens, laisse-moi te saisir; je ne te tiens pas, et cependant je te vois toujours. Fatale vision, n'es-tu donc pas sensible au toucher comme à la vue ? ou bien n'es-tu qu'un poignard imaginaire, la fausse création d'un cerveau opprimé par la fièvre ? Je te vois encore et sous une forme aussi palpable que le poignard que je tiens maintenant. C'est d'un instrument tel que toi que j'allais me servir; mes yeux sont devenus les fous des autres sens, ou bien ils ne valent pas mieux que les autres... Je te vois toujours, et sur ta lame et ta poignée sont des gouttes de sang qui n'y étaient pas auparavant. Il n'existe rien de pareil, c'est cette entreprise sanguinaire qui fait surgir cette vision devant mes yeux. » Toute la théorie de l'hallucination se trouve indiquée en ce passage. Remarquons d'abord que cette vision, la première qu'ait eue Macbeth, est parfaitement reconnue et analysée par lui, tandis que plus tard il ne saura plus reconnaître son erreur au moment même où se produira l'hallucination. Cette gradation psychologique est celle qu'on observe chez la plupart des malades : dans les premiers temps, ils se rendent compte de l'illusion de leurs sens, mais bientôt ils ne savent plus discerner leurs impressions fausses de celles qui sont vraies.

Que nous sommes loin ici du merveilleux de la plupart des auteurs, de ces apparitions invraisemblables et souvent ridicules qu'ils introduisent sans raison ! A la lecture, la beauté de ces détails se fait peut-être moins sentir; mais, lorsqu'on a l'occasion d'assister à des représentations de *Macbeth* et d'*Hamlet*, on est vivement frappé de la vérité des situations où intervient le merveilleux. Dans la plupart des drames anciens ou modernes, spectres et ombres n'ap-

paraissent que comme des moyens commodes d'émouvoir le spectateur; souvent ils remplissent un rôle secondaire et ne servent qu'à
mener l'action, comme dans les féeries ordinaires. Dans Shakspeare
au contraire, la scène est vraie; c'est bien une hallucination telle
qu'elle devait forcément se produire d'après toutes les données de la
psychologie. Plus d'intervention d'un merveilleux factice; c'est le
merveilleux réel, si l'on peut dire, tel que le crée le cerveau de
l'homme en proie à la fièvre ou aux passions. C'est cette réalité qui
fait de Shakspeare le plus dramatique et le plus puissant des poètes.
Lorsque le spectre de Banquo apparaît à Macbeth, notre impression
est d'autant plus forte que le spectre n'est visible que pour Macbeth. Comment mettre mieux en évidence à la fois les troubles de
l'âme et le supplice moral du criminel? Étant donné le tempérament
de Macbeth, cette nature où l'on trouve un mélange si bizarre de
courage et de superstition, de férocité et de pusillanimité, les illusions sensorielles devaient se produire fatalement et au moment
précis où les place le poète.

Par quel effort de génie, par quelle intuition mystérieuse Shakspeare, à une époque où médecins et public croyaient encore que les
affections nerveuses dépendaient de puissances occultes, est-il arrivé à se débarrasser complétement de ces préjugés et à indiquer
la vraie cause de ces maladies? Ces affections, les plus compliquées
et aujourd'hui encore les plus difficiles à bien reconnaître, ont toujours eu le privilége d'étonner, de terrifier même ceux qui en
étaient témoins. Les manifestations de ces maladies prêtent singu-
lièrement à la croyance à des êtres surnaturels, comme l'a fait remarquer M. Maury dans son livre *de la Magie et de l'Astrologie*;
l'agitation des malades, leurs visions, les cris qu'ils poussent, les
paroles étranges qu'ils prononcent, leurs mouvemens incohérens,
leur aspect souvent effrayant, tout cela semble l'effet d'une puissance étrangère qui les domine et les subjugue. Le malade perd
visiblement dans ces crises sa liberté et sa raison; il éprouve un
sentiment d'oppression et de constriction, et semble lutter contre
un être invisible qui a pris possession de son corps. Si, à l'époque
où vivait Shakspeare, quelques-unes des plus simples et des plus
communes de ces affections nerveuses avaient déjà été reconnues,
la croyance au surnaturel trouvait encore un aliment dans la plupart
de ces phénomènes. Comment s'en étonner, puisque aujourd'hui
même ce penchant invétéré au merveilleux est si vivace qu'à chaque
instant on le voit reparaître sous de nouvelles formes?

Dans les drames shakspeariens, nous aurons toujours à signaler
l'exactitude des considérations médicales ou psychologiques; mais
c'est surtout au point de vue des hallucinations que l'analyse de

ces œuvres présente un intérêt de premier ordre. Avant tout, il convient de rappeler en quelques mots les faits principaux qui accompagnent ces sortes d'affections. L'hallucination est un trouble de l'intelligence qui fait croire. à la réalité de choses qui n'existent point. Sous l'influence d'émotions vives, d'une grande excitation cérébrale, notre âme crée des images sensorielles subjectives que nous prenons pour des formes réelles, et ces représentations internes sont constituées par de véritables images extérieures, comme celles que produisent les objets devant « l'œil vivant et ouvert, » selon l'expression de Burdach. Ces images subjectives ont pour l'halluciné absolument la même réalité que les perceptions qui lui viennent du monde extérieur. Cela se comprend de reste, car nous sommes habitués à nous en rapporter aux impressions et aux indications de nos sens, et toute notre éducation intellectuelle résulte de cette relation entre l'activité des sens et la perception; la conscience en effet ne connaît le monde que par l'intermédiaire des impressions transmises par les nerfs sensuels. A l'état ordinaire, ces impressions répondent à un objet réel, mais dans certains cas anormaux, et c'est là justement ce qui constitue l'hallucination, les impressions naissent spontanément et sans cause extérieure; elles sont perçues cependant par notre cerveau tout comme les premières, sans qu'il soit alors possible de distinguer ce qui est la vérité de ce qui est l'illusion. Notre conscience est relativement au monde extérieur comme un individu enfermé dans une chambre et qui ne connaîtrait ce qui se passe au dehors qu'au moyen de signaux spéciaux du dehors au dedans. On peut la comparer à l'employé d'un bureau télégraphique qui n'apprend ce qui se passe au bureau expéditeur que par les indications de l'aiguille aimantée. Au signal convenu, il croit à la réalité du fait indiqué, que la transmission ait eu lieu en réalité ou par accident. Il existe de même dans notre organisme un appareil expéditeur qui est représenté par les nerfs périphériques, et un appareil récepteur, le cerveau, où l'impression est sentie et comme enregistrée. Quand les nerfs périphériques transmettent une excitation, l'impression est réelle, et l'idée exacte; lorsqu'au contraire il n'y a aucune action extérieure et que l'idée est provoquée par l'activité spontanée, mais anormale, de nos appareils internes, l'idée devient erronée et donne lieu à une hallucination.

En effet, ce qui est impossible à réaliser pour les instrumens physiques, c'est-à-dire la spontanéité et l'indépendance des appareils récepteurs et enregistreurs, existe au contraire pour les organes vivans qui remplissent ce rôle. Nos cellules nerveuses cérébrales, qui reçoivent les impressions des nerfs périphériques, non-seulement entrent en fonction lorsqu'elles y sont sollicitées par une excitation venue de ces nerfs, mais elles peuvent encore entrer en activité d'elles-mêmes, sans la moindre impression externe. Or la conscience ne connaît que ce qui se passe dans ces cellules, elle n'a aucune relation directe avec les appareils périphériques, et de toute nécessité elle admet comme vrai et réel ce que les centres nerveux lui indiquent. Si les hallucinations dépendent de l'activité anormale de nos sens internes, on comprend que les excitations cérébrales les plus vives sont seules capables de les produire; il faut que tous nos sens soient troublés en même temps, afin qu'aucun ne puisse contrôler l'erreur des autres, et pour cela il est nécessaire, en dehors des cas pathologiques, que notre intelligence tout entière soit envahie et dominée par une seule et même idée.

Les circonstances qui favorisent la production de ces troubles intellectuels sont, en même temps qu'un esprit faible et facilement impressionnable, la frayeur, l'exaltation des passions, la solitude, l'obscurité. Chez les malades atteints d'affections cérébrales, l'hallucination est chose commune; dans le cerveau sain, il faut, pour qu'elles se manifestent, tout un ensemble de conditions dont Shakspeare, surtout dans *Macbeth*, nous offre une étude très complète.

Shakspeare a commencé par nous montrer un soldat vaillant, mais dont l'âme crédule est dominée par une femme. Ambitieux et cruel, il demeure indécis, « laissant le *je n'ose pas* accompagner le *je voudrais*. » Lady Macbeth au contraire est d'une rare puissance de volonté; son audace, sa froide résolution est inaccessible à la pitié. Ce n'est qu'aux heures du sommeil, quand sa volonté est absente, que ses sens et ses terreurs reprennent le dessus; éveillée, elle redevient calme, et méprise alors avec une superbe ironie les hallucinations de son mari. Macbeth n'est pas un criminel fait d'une seule pièce; ce n'est que peu à peu et par les côtés les plus vulgaires de la nature humaine que l'ambition et la convoitise entrent dans son âme. Ses succès à la guerre le gonflent d'orgueil; aussitôt une vanité puérile, si commune chez les héros barbares, s'empare de tout son être; c'est le moment que choisissent les sorcières pour le saluer thane de Cawdor et roi. N'est-ce pas l'histoire de bien des chefs d'armée? Que de capitaines, jusque-là honnêtes et loyaux, sont devenus des ambitieux sans scrupule dès qu'ils ont acquis un peu de gloire et de puissance! Que de généraux victorieux ont entendu dans l'exaltation du triomphe des voix intérieures qui leur criaient : « Tu pourrais être roi! » A partir de cette heure, eux aussi ont été capables de tout.

Un criminel de sang-froid, Shakspeare le sait, n'aurait aucune hallucination; il accumule toutes les circonstances favorables à l'éclosion du trouble : la peur, le réveil de la conscience et de la reconnaissance, l'obscurité, l'isolement. Avant le crime, Macbeth est seul dans une vaste salle, Banquo vient de le quitter; il lui a fait connaître les nouveaux bienfaits du roi, il lui a parlé de loyauté et de vertu. L'obscurité et le silence se font tout à coup. Au milieu des pensées qui assaillent son esprit de toutes parts, une seule finit par le dominer, c'est la promesse qu'il vient de faire à sa femme. Il va plonger son poignard au cœur de son bienfaiteur et de son roi; il s'est assuré de son arme. C'est alors qu'il voit devant lui un poignard « tel que celui dont il allait se servir. » Rien de plus vrai que cette scène. Shakspeare pourtant n'a pas voulu que la raison perdît si vite tous ses droits : Macbeth cherche à vérifier l'erreur du sens de la vue par le sens du toucher, et il se rend lui-même un compte exact de cette vision, qui n'est que « la fausse création d'un cerveau opprimé par la fièvre. » Aussitôt la vision disparaît, mais l'excitation cérébrale persiste. C'est là encore une observation pleine de justesse, car les paroles que prononce Macbeth en cet instant sont toutes d'exaltation et presque de délire.

Au moment du meurtre, le trouble de l'esprit est extrême; mais ce ne sont plus que des hallucinations de l'ouïe qu'il n'ose rectifier, tant son être tout entier est bouleversé : il a la gorge serrée; ses mains crispées retiennent les poignards qu'il aurait dû laisser dans la chambre, il oublie de se laver les mains, le moindre bruit l'effraie, tout l'épouvante, et c'est au milieu de ces angoisses qu'il entend les voix crier à travers toute la maison : « Ne sommeille plus! Macbeth tue le sommeil! » Ici encore rien n'est forcé, rien n'est exagéré, l'hallucination arrive naturellement et au moment précis.

Toutefois, en dépit de ces troubles de son esprit, Macbeth est un simple criminel; ce n'est pas un malade, il n'est atteint d'aucune affection mentale, et Shakspeare a si bien saisi cette nuance qu'il ne lui prête aucun penchant bizarre, aucune anomalie de l'intelligence; ce n'est que dans des circonstances extraordinaires que les troubles des sens reparaissent. Il ne voudrait pas le rendre inconscient de ses actes, et montrer son intelligence aux prises avec des symptômes morbides; ce ne sont que des rêves qui l'agitent quand il est endormi; lorsqu'il est éveillé, il semble avoir puisé dans le meurtre une nouvelle énergie virile. C'est lui maintenant qui médite l'assassinat de Banquo, il a tué, il faut qu'il tue encore; mais il n'hésite plus, il n'a plus de remords, il a banni tous ses scrupules, et n'aspire désormais qu'à trouver la sécurité dans de nouveaux crimes.

La plupart des critiques nous semblent s'être trompés en prêtant à Macbeth, après le meurtre du roi, des sentimens de remords. Au contraire il désire uniquement profiter de son crime; il s'en applaudirait presque, s'il se croyait assuré de conserver la couronne. Plus de sentimens humains dans son cœur, sa conscience est morte; ce n'est plus l'horreur de son meurtre qui pourra ébranler son cerveau et amener une hallucination, c'est l'insuffisance du crime. Dès qu'il apprend que le fils de Banquo a échappé aux meurtriers, son esprit se trouble, et le délire des sens apparaît : « Sans cela, j'aurais été en repos absolu, entier comme le marbre, assis comme le rocher, libre et sans plus d'entraves que l'air ambiant, tandis que maintenant je suis enragé, enfermé, emprisonné, enchaîné dans des doutes et des effrois insolens. » Au moment même où il prononce ces paroles apparaît le spectre de Banquo, et tandis qu'après l'assassinat du roi il s'était écrié : « Il vaudrait mieux pour moi ne pas me connaître que de connaître l'acte que j'ai commis. Oh! si Duncan pouvait se réveiller!.. » maintenant, dès que l'apparition a disparu, ses premiers mots sont : « Cela voudra du sang, le sang appellera le sang, » et il arrête aussitôt dans son esprit le meurtre de Macduff.

Le génie de Shakspeare pouvait seul varier d'une façon aussi exacte les causes de l'hallucination chez un individu médicalement sain. Combien sa conception est plus élevée que celle que lui ont prêtée certains critiques! Macbeth a beau étouffer la voix de sa conscience, s'endurcir dans le crime, et n'avoir plus à redouter les angoisses du remords : il ne peut se soustraire aux tempêtes de l'âme, aux tortures morales qu'amènent les troubles des sens et de l'intelligence.

L'apparition du spectre de Banquo est encore accompagnée d'une grande excitation cérébrale, et ce détail n'est pas moins remarquable que le soin qu'a eu Shakspeare de ne rien ajouter qui dépasse les phénomènes ordinaires de ces perturbations intellectuelles. Le poignard est pareil à celui que Macbeth tient à la main; le spectre de Banquo n'offre aucune forme étrange, surtout il ne prononce aucune des paroles que les auteurs dramatiques ont l'habitude de prêter aux fantômes. Il est muet, immobile, le visage sanglant, car Macbeth vient d'apprendre que Banquo a reçu vingt blessures énormes à la tête, et il a vu à l'instant du sang au visage du meurtrier. En effet, les impressions vives qui ont eu lieu récemment à l'état normal reparaissent presque toujours pendant l'hallucination, de même que dans le rêve on retrouve les impressions qui se sont produites quelque temps auparavant, pendant l'état de veille. Il est donc naturel que le spectre de Banquo apparaisse à Macbeth couvert de sang, d'autant plus que Shakspeare a eu soin non-seulement d'en provoquer l'idée par le récit du meurtrier, mais de déterminer une impression physique par les taches de sang qui lui couvrent le visage.

Le tempérament de Macbeth était bien choisi pour la production des hallucinations ; celui de lady Macbeth au contraire ne prête qu'à des accès de somnambulisme. Il y a une différence considérable entre ces deux formes de vésanies. Les hallucinations résultent du jeu de l'imagination, des émotions violentes, de l'excitation excessive du système nerveux, avec un manque d'équilibre cérébral. Le somnambulisme est un acte machinal, passif, dans lequel le cerveau proprement dit n'intervient que très faiblement ; c'est toujours la répétition inconsciente de choses faites pendant la veille, le corps et les sens agissant mécaniquement tandis que la volonté et la raison dorment. Le somnambulisme est un simple phénomène réflexe, c'est-à-dire qu'il se produit de lui-même sans que l'intelligence y participe ; c'est le jeu régulier des sens violemment affectés qui continue d'une manière automatique. Aussi, comme pour mieux indiquer que les troubles intellectuels de lady Macbeth ne sont pas les mêmes que ceux de son mari et pour marquer qu'ils n'ont rien d'incompatible avec son énergie morale, sa férocité froide et lucide, Shakspeare fait dire au médecin : « J'en ai connu qui se promenaient dans leur sommeil et qui sont morts saintement dans leur lit. »

Dans tous les cas, ce sont surtout les impressions des sens qui prédominent dans le somnambulisme, et les passions ne peuvent agir que comme cause prédisposante. La description minutieuse du somnambulisme de lady Macbeth est de tous points en harmonie avec les données de la science ; elle n'a ni délire, ni idée proprement dite, elle ne fait que se souvenir ; ce ne sont pas ses pensées ou ses impressions morales qu'elle évoque, c'est l'impression toute physique de ses sens. Comme chez son mari, ce n'est pas le remords personnel et conscient qui agite lady Macbeth, c'est pour ainsi dire le remords fatal et organique. Ils sont tous deux trop criminels pour se repentir et comprendre l'énormité de leur faute : ils arriveraient peut-être alors à exciter la pitié et la compassion du spectateur ; mais, à défaut de conscience, l'ordre naturel des événemens et les seules lois de l'organisme vont amener forcément leur châtiment. Chez l'un, le cerveau se congestionne, le sommeil disparaît, la surexcitation cérébrale et la fièvre sont continues, et il meurt en proie à d'indicibles rages ; dans l'autre, les troubles organiques sont moins apparens et moins fébriles, mais le système nerveux se fatigue à la fin par excès d'énergie et de dépense, les impressions violentes, un instant contenues, n'en ont pas moins été ressenties, et cette influence agit lentement, mais constamment :

c'est un foyer permanent et indestructible qui mine le corps peu à peu et chaque jour gagne du terrain. Chez l'un, c'est la fièvre du cerveau, chez l'autre l'action passive et lente des actes réflexes cérébraux.

Lorsque lady Macbeth revient de la chambre où Duncan a été tué, après avoir frotté de sang les visages des deux valets, elle reproche à son mari ses terreurs à la vue de ses mains couvertes de sang. « Mes mains sont de la couleur des vôtres, mais je serais honteuse de porter un cœur si blanc. — Un peu d'eau vous lavera de cet acte : combien la chose est facile alors ! » En parlant ainsi, elle devait sentir le sang tiède se coaguler sur sa peau, rider et serrer l'épiderme, engluer ses doigts et en embarrasser tous les mouvemens. Quiconque s'est trouvé dans le cas d'avoir du sang chaud sur les mains se rappelle la sensation désagréable que donne cette coagulation. C'est cette impression qui revient à lady Macbeth dans son somnambulisme; elle se frotte les mains comme pour redonner à la peau sa souplesse et sa netteté, car la tache de sang irrite l'épiderme et produit une sorte de démangeaison. Ce n'est pas non plus un peu d'eau qui enlève aussitôt toute trace de sang; sa couleur rouge se trahit longtemps dans les plis de la peau, sous les ongles, et, quand tout est bien lavé, l'odeur subsiste encore pendant bien des heures. Longtemps après le meurtre, lady Macbeth a dû retrouver sur sa main l'odeur du sang, cette odeur si caractéristique qu'elle est même spéciale d'un animal à l'autre. Plus tard, sans doute bien souvent, sa pensée a dû se reporter involontairement à ces sensations, la faire tressaillir d'horreur et de dégoût. Ce sont ces impressions toutes physiques des sens, du toucher, de la vue et de l'odorat, qui réapparaissent d'une manière inconsciente, pendant ses accès de somnambulisme, alors que sa volonté est endormie. Qu'ils sont vrais, ces cris entrecoupés : « qui aurait cependant pensé que ce vieillard avait tant de sang? Quoi ! ces mains ne seront donc jamais propres? Il y a toujours là l'odeur du sang ! » et comme tous les détails sont en harmonie : la lumière, que garde toujours à côté d'elle lady Macbeth parce que rien ne contribue autant que l'obscurité à augmenter les terreurs, — la promenade silencieuse, — le retour *direct* au lit les yeux fixes grands ouverts, mais ne percevant aucune sensation lumineuse! Cette dernière observation est également des plus exactes, car beaucoup de somnambules ont les yeux ouverts; Magendie a même remarqué que la vue ne s'exerce chez eux que sur les objets qui ont trait à l'action dont ils sont occupés, et que la rétine reste insensible à la plus vive lumière éclairant un objet étranger à leur préoccupation.

Après le drame de *Macbeth*, celui d'*Hamlet* offre les observations les plus dignes d'être notées. Dans la première apparition du fantôme, il n'y a pas précisément un cas d'hallucination; d'autres qu'Hamlet ont vu le même fantôme, et maints détails semblent favorables à la réalité de l'apparition. Que l'intérêt du drame gagne ou non à cette mise en scène, qu'il fût ou non nécessaire qu'Hamlet n'eût aucun doute sur la réalité de cette vision, c'est ce que nous n'avons pas à examiner ici. Toutefois ce n'est qu'à contre-cœur et comme malgré lui que Shakspeare renonce un instant à tout expliquer par les phénomènes naturels de l'hallucination. Dès le commencement, il nous montre Hamlet mélancolique, porté au suicide, obsédé de visions, car il lui semble voir « l'image de son père par l'œil de son âme. » Pour mieux marquer qu'il n'y a rien de surnaturel dans cette apparition, il nous fait assister aux hésitations du prince danois, qui craint même un instant d'avoir été le jouet de ses sens.

C'est au milieu d'une froide et sombre nuit, quand on entend au loin l'orgie du roi criminel, que le fantôme apparaît. Quoique philosophe et sceptique, Hamlet ne cherche point à redresser l'illusion de ses sens; comme le remarque Horatio, dès les premiers instans « le délire s'est emparé de son imagination. » A mesure que l'hallucination envahit l'esprit d'Hamlet, l'excitation cérébrale augmente, et elle se prolonge encore longtemps après; ce n'est évidemment que sous l'influence d'une exaltation considérable qu'il s'écrie :« Bien dit, vieille taupe, comment peux-tu travailler si vite sous terre? » Plus Hamlet avance, plus le fantôme fuit devant lui. Il s'arrête alors : « Où veux-tu me conduire? Parle, je n'irai pas plus loin. » Rien de plus juste; la plupart du temps la vision semble s'éloigner à mesure qu'on marche vers elle. J'ai sous les yeux la relation d'un cas semblable : un halluciné, croyant voir une figure près de son lit, se lève, la vision lui apparaît alors près de la porte de sa chambre; il la suit, mais plus il approche, plus la vision fuit, et dans le corridor, et sur l'escalier, et jusqu'à la porte de la maison. Arrivé là, le malade se rendit enfin compte de l'illusion de ses sens.

La seconde vision d'Hamlet (1) a tous les caractères de l'hallucination réelle; la reine en effet ne voit pas le fantôme, et elle en in-

___

(1) Au théâtre, on fait toujours apparaître le fantôme assez loin de la place où le portrait du roi est suspendu. Le fantôme devrait au contraire être visible en premier lieu près de ce portait, car l'hallucination d'Hamlet est préparée par l'attention avec laquelle il a contemplé la figure de son père. En pareil cas, les personnages des tableaux revêtent peu à peu les apparences de la vie et semblent sortir du cadre, comme le démontrent plusieurs hallucinations religieuses où les fidèles en adoration, les yeux fixés sur les figures saintes, ont vu celles-ci s'animer et s'avancer vers eux.

dique elle-même la cause quand elle parle de « cette apparition
sans corps, qui est une de ces œuvres que le délire est puissant à
produire. » Hamlet répond comme tous les hallucinés : « Le délire !
Mon pouls bat avec la même régularité que le vôtre et chante la
même musique de santé. Ce n'est point la folie qui m'a fait parler ; mettez-moi à l'épreuve, et je répéterai la chose mot pour
mot. » C'est le raisonnement de tous les malades de ce genre : ils
ne comprennent pas qu'on n'ajoute point foi à ce qu'ils croient
voir et entendre. Comme Hamlet, ils demandent qu'on les mette à
l'épreuve, car ils voient, sentent, entendent réellement ; ils ne croient
pas simplement voir, entendre et sentir, et si l'on veut combattre
leurs illusions par des raisonnemens, ils vous répondent comme
répondait un malade au docteur Leuret : « J'entends des voix parce
que je les entends. Comment cela se fait-il ? Je n'en sais rien ; mais
elles sont pour moi aussi distinctes que votre voix, et si vous voulez
que j'admette la réalité de vos paroles, laissez-moi croire aussi à la
réalité des paroles qui me viennent je ne sais d'où, car la réalité des
unes et des autres est également sensible pour moi. » Cette foi pro-
fonde dans la réalité de l'hallucination existe surtout chez l'halluciné malade ; elle se rencontre plus rarement chez les individus qui
n'ont que des hallucinations passagères. Ainsi Macbeth, dans sa
première vision, se rend parfaitement compte de l'erreur de ses
sens ; dans la seconde, il ne sait pas distinguer son erreur pendant
qu'elle existe, mais, dès qu'elle a disparu, il en reconnaît la cause.
Il en est de même pour l'hallucination de Brutus dans le drame
de *Jules César*. Il n'existe en effet chez ces personnages que des
troubles passagers d'une intelligence d'ailleurs saine ; l'équilibre
physiologique se rétablit bientôt, d'autant plus que tous deux sont
des hommes énergiques qui ne se livrent guère aux rêves de l'imagination. Hamlet est d'une tout autre nature ; il a de longues rêve-
ries mélancoliques, et, comme il le dit lui-même, les illusions ont
une grande puissance sur son âme. Il ne cherche jamais à démêler
le vrai de ses visions, il les affirme, et loin de croire à une illusion
de ses sens, il accuse les autres de ne pas voir ou de ne pas entendre ; lorsque sa mère lui dit qu'il n'y a pas de spectre dans la
salle, il s'écrie : « Mais, regardez donc là ! Regardez de quel pas il
s'éloigne ! Regardez, le voici qui à ce moment même passe la porte ! »
Quelle variété dans ces scènes, et comme Shakspeare décrit toutes
les formes d'hallucination selon le tempérament de ses personnages !

Le drame entier d'Hamlet offre une étude psychologique des plus
intéressantes ; à notre point de vue, demandons-nous d'abord, pour
employer une expression médicale, quel est le diagnostic de l'organisation d'Hamlet. Est-ce un mélancolique qui bientôt va être saisi

par la folie? Est-ce un tempérament pathologique ou un individu sain, mais d'une nature impressionnable et délicate, doué d'une âme généreuse, ardente pour chercher, puissante pour sentir, que le spectacle du monde jette dans le découragement, les vagues malaises de l'esprit et le dégoût de la vie?

Le docteur Bucknill est convaincu qu'Hamlet est pathologiquement mélancolique, et qu'il y a peu de simulation dans ses paroles et dans ses actes; il déclare cependant que sa folie n'en est encore qu'à la période d'incubation. Certes on peut trouver dans Hamlet plusieurs symptômes de la mélancolie pathologique, et l'on pourrait donner une analyse fidèle de son caractère en copiant presqu'à la lettre la description de cette maladie dans un ouvrage spécial, au chapitre : Folie mélancolique. Quant à nous, il nous répugne de croire qu'Hamlet est un fou ou qu'il n'a plus qu'un pas à franchir pour le devenir. D'abord Shakspeare aurait mieux marqué cette tendance, car il a l'habitude de bien indiquer ce que doivent être ses personnages; or nulle part on ne trouve qu'il ait voulu faire d'Hamlet un malade qui doit bientôt succomber à la folie. Peut-on affirmer que, s'il avait vécu plus longtemps, Hamlet serait devenu fou? Rien ne le prouve; au contraire il semble qu'à la fin du drame une sorte d'apaisement se fait dans son esprit. Plus d'hallucination ni de conception délirante, aucun prodrome manifeste de folie : il montre seulement une grande exaltation sur la tombe d'Ophélie. D'autre part, s'il est vrai que la maladie commence souvent avec les idées dominantes qu'on retrouve chez Hamlet, il est impossible de considérer ces idées comme la preuve de perturbations cérébrales. Ces idées peuvent exister chez des individus qui jamais ne seront fous, qui ne donneront même jamais le moindre signe réel de trouble intellectuel, mais dont l'âme trop impressionnable, trop émue et ouverte, trop peu égoïste, s'affecte de toutes les injustices du monde. « Ils ne peuvent supporter les coups de fouet et les mépris du monde, les injustices de l'oppresseur, les affronts de l'homme orgueilleux, les tortures de l'amour dédaigné, les lenteurs de la justice, l'insolence des gens en place et les coups de pied que le mérite patient reçoit des indignes. » Que d'âmes d'élite qui ont pensé ainsi et chez lesquelles le spectacle du monde a amené le désenchantement et le dégoût de la vie!

L'organisation physique contribue sans doute à exalter cette tendance, qui consiste à ne voir que le côté affligeant des choses, et Shakspeare a eu soin de nous montrer Hamlet « gras et ayant l'haleine courte. » En faisant cette remarque, il ne songeait certes pas à l'acteur qui remplissait ce rôle, comme l'ont admis des critiques malavisés. C'est une organisation peu vigoureuse que celle d'Hamlet, une nature maladive, un tempérament nerveux et lymphatique, n'ayant pas, même à la fleur de l'âge, les allures juvéniles et violentes que donnent la force et la santé exubérantes et qu'accompagnent l'insouciance, la gaîté, l'ardeur au plaisir et au travail propres au tempérament sanguin. Les natures comme celles d'Hamlet sont de bonne heure rêveuses et souffrantes; elles sont toutes de sensibilité, d'expansion, d'enthousiasme ou de désillusion, selon les circonstances; mais malgré leur bizarrerie, leur originalité et leur conduite qui souvent est opposée aux règles communes, ces individus ne deviendront jamais des aliénés; tels ils sont nés et tels ils resteront; ce sont des misanthropes généreux ou moroses, sympathiques ou ridicules, souvent brusques et méfians, mais capables de reparties fines et d'aperçus justes. Voilà pourquoi nous ne croyons pas, avec le docteur Brierre de Boismont et le docteur Bucknill, qu'Hamlet soit dans un de ces états intermédiaires entre la raison et la folie, qu'on a nommés la période d'incubation, période où des milliers de malades succombent, d'où des centaines d'autres sortent pour revenir à la santé. Pour nous, Hamlet ne saurait devenir vraiment fou; il ne saurait davantage être plus raisonnable; ce n'est pas un type intermédiaire, c'est un type réel et complet. S'il a des hallucinations, c'est que son âme est envahie par la douleur et par l'immensité du crime qu'il entrevoit. Son cerveau est mal équilibré, non par la maladie, mais par l'excès de la méditation et de la souffrance. Il faut considérer qu'à peine a-t-il eu le temps de se reconnaître et de comparer le monde tel qu'il est avec le monde tel qu'il a cru le voir dans sa naïve bonté, qu'il est obligé, lui si aimant, si respectueux, de se détourner avec horreur de la conduite de sa mère!

Il est des enfans nés musiciens qu'une fausse note irrite; dès leurs premières années, ils ont le sentiment de l'harmonie. Aucune note discordante ne leur échappe, et ils ne peuvent comprendre qu'il existe d'autres organisations d'où le sens de l'harmonie soit absent. D'autres naissent avec un sens exquis des couleurs et des lignes, et tout ce qui est contraire à leur art les blesse et leur répugne. Hamlet est une de ces natures d'artistes; c'est un artiste du sens moral. Né avec le sentiment le plus délicat de ce qui est honnête et généreux, il se passionne pour la loyauté et la vérité comme le musicien pour l'harmonie et le sculpteur pour la forme idéale; nos vices et nos faiblesses l'étonnent; ce sont pour lui des monstruosités.

Avec quel dégoût il souffre le contact des flatteurs et des hypocrites, et comme il les humilie à l'occasion! C'est avec un secret plaisir qu'il torture ce pauvre courtisan Osric, à qui il laisse voir

tout le ridicule de ses bassesses et de ses flatteries; il s'amuse à le
faire patauger dans sa propre fange comme un animal immonde.
C'est qu'Hamlet a reconnu son ennemi naturel, qui, contrairement
à lui, est né avec l'amour du mensonge et « qui, avant de le sucer,
faisait déjà des révérences au sein de sa nourrice. » Il hait les mé-
chans ou plutôt il sent son cœur se soulever quand il les rencontre
sous ses pas, au milieu de la cour de son oncle. On dirait le tres-
saillement involontaire de terreur et de dégoût qu'éprouve Marguerite près de Méphistophélès. Quelle joie au contraire lorsqu'il rencontre un honnête homme! Son âme épanouie se livre à l'idéal.
Avec quel plaisir il serre la main loyale et franche d'Horatio! Chaque
fois qu'il se retrouve avec lui, son cœur est soulagé et l'humanité
lui paraît alors moins mauvaise. Que Shakspeare, pour créer ce
type, ait connu les délicatesses de sentiment qu'il prête à Hamlet,
on n'en saurait douter; c'est bien l'œuvre de l'homme honnête et
affectueux que Ben-Jonson nous dépeint « civil de manières, d'un
naturel ouvert et franc. » Lui aussi, comme il le dit dans ses son-
nets, a été fatigué du spectacle du monde, de ce mélange d'injustices et de basse jalousie que crée la concurrence vitale.

Plusieurs critiques ont voulu trouver de l'analogie entre Hamlet
et Werther, et les Allemands ont cru reconnaître dans Hamlet la
personnification de leurs idées et de leurs sentimens. L'un d'eux
s'est écrié : « Hamlet, c'est l'Allemagne! » Ce rapprochement n'est
peut-être pas bien exact, car, s'il est vrai qu'Hamlet et que Werther
sont tous deux de nature rêveuse, quelle différence dans leur caractère! Werther aime sans doute l'idéal et la vérité, mais il est
égoïste, orgueilleux; il ne nous entretient que de ses rêves, de ses
désirs, de ses douleurs; il estime que la nature humaine est chose
de peu, que le spectacle du monde est désolant, uniquement parce
qu'il ne jouit pas de tous les biens auxquels il aspire. Hamlet ne se
préoccupe jamais de sa personne, il sacrifie sans plaintes jusqu'à
son amour pour Ophélie; prince et héritier d'un trône, il ne laisse
percer ni orgueil ni vanité; bon et affectueux envers tous, il souffre
moins de ses maux que des vices de la société; c'est une nature
expansive qui confond ses intérêts personnels avec ceux de l'humanité tout entière. C'est bien plutôt avec Alceste qu'Hamlet a le
plus de ressemblance; l'un et l'autre aiment la loyauté et la fran-
chise, prennent peu soin de leur intérêt personnel et ne sont misanthropes que parce qu'ils ne trouvent pas autour d'eux l'écho de
leurs propres sentimens. C'est avec raison qu'on a rapproché ces
natures qui se ressemblent tant en dépit des apparences, créations
de génie de deux écrivains qui ne manquaient point d'affinités, car
ils furent, comme l'a dit M. Taine, « des philosophes d'instinct

pour lesquels il faut avec les sens et le cœur le contentement du
cerveau. »

Cette absence de préoccupation personnelle et d'égoïsme est une
preuve de plus qu'Hamlet n'est point dans la période d'incubation
de la folie ; les mélancoliques aliénés en effet restent froids et in-
différens à toutes les questions générales. Concentrés en eux-
mêmes, ils n'étendent pas leurs idées au-delà de leur personne et
ne songent qu'à leurs propres maux. D'autre part, la mélancolie
d'Hamlet n'est pas absolue : ses lettres à Ophélie ne sont pas d'un
hypocondriaque ; pendant qu'il étudiait à l'université de Wittem-
berg, il fréquentait le théâtre et les acteurs. Il revoit avec plaisir
ses anciens compagnons d'étude Rosencrantz et Guildenstern, et ne
retombe dans ses tristesses et dans ses méfiances que lorsqu'il s'a-
perçoit que ses amis ne sont venus que pour le surveiller et pour
l'épier. En un mot, si Hamlet présente des bizarreries de caractère
qui rappellent les premiers symptômes de la folie, il est certain
qu'il n'est nullement un aliéné, même à la période prodromique.
Indécis, livré au cours des événemens, il est parfois possédé d'une
activité sans frein. Ainsi, dans la scène de la représentation, il ne
peut attendre le moment où la tragédie va commencer ; il pose sa
tête sur les genoux d'Ophélie, s'asseoit, se lève, interrompt les acteurs pour expliquer la pièce et hâter le dénoûment ; dès qu'il voit
pâlir le roi, il est pris d'un rire involontaire et spasmodique comme
à la fin d'une crise nerveuse. Quant à ses hallucinations, elles ne
permettent pas d'affirmer l'aliénation ; il n'est point rare que des
individus parfaitement sains aient des hallucinations ; tous les médecins aliénistes sont d'accord sur ce point que ce symptôme ne
suffit pas pour caractériser la folie. Dans la pièce *Comme il vous
plaira*, le caractère de Jacques se rapproche beaucoup de celui
d'Hamlet : lui aussi est un philosophe mélancolique qui se plaît à
être seul et à récriminer contre la société ; « ce sont les spectacles
variés contemplés durant ses voyages qui, ruminés sans cesse par
sa pensée, l'enveloppent dans une tristesse très originale. » On croi-
rait entendre Hamlet, lorsqu'il s'écrie : « Morbleu ! il fait bon être
triste. »

Malgré toutes ses bizarreries, Jacques, pas plus qu'Hamlet, n'est
un aliéné. Tout autre est le caractère de Timon d'Athènes. Riche ou
pauvre, Timon n'a ni raisonnement, ni jugement, ni discernement ;
ses prodigalités sont aussi ridicules que son optimisme est aveugle.
C'est déjà une altération morale qui, sous le coup de l'infortune,
va dégénérer en folie ; aussi la misanthropie de Timon est-elle loin
de ressembler à la misanthropie raisonnée et philosophique d'Hamlet et de Jacques : ce n'est même pas de la misanthropie, c'est une

série de conceptions délirantes engendrées par la haine et la colère.

Avant de quitter le drame d'*Hamlet*, remarquons encore combien la folie d'Ophélie est traitée avec science. Malgré ses pleurs et le souvenir terrible du trépas de son père, elle a des momens de gaîté exagérée. Quel contraste émouvant et vrai entre ces chants, ces fleurs dont elle fait des couronnes, ces rires nerveux et ces brusques retours de tristesse! C'est bien la folie d'une jeune fille, différant essentiellement par ses symptômes de celle d'autres malades du même genre, de celle du roi Lear par exemple. La vivacité et les grâces charmantes de la jeunesse percent dans tous les actes d'Ophélie; on sent que l'affection est accidentelle et subite, qu'elle ne résulte point d'un organisme prédisposé aux troubles de l'intelligence. Il y a encore bien de la finesse d'observation à montrer cette jeune fille si pure, si naïve, perdant tout à coup, par le fait même de la maladie, le sentiment de la pudeur; la veille, elle eût rougi en entendant la chanson qu'elle chante elle-même. C'est surtout lorsque l'on compare ces scènes à celles où d'autres auteurs ont cherché à dépeindre des situations analogues qu'on admire le génie de Shakspeare. Marguerite en prison est sans doute dramatique, mais elle n'agit ni ne parle comme une folle; elle est uniquement en proie à une violente excitation cérébrale, à un accès de délire.

Le drame du *Roi Lear* est une étude complète sur la folie. Dès les premières scènes, Shakspeare nous montre un vieillard orgueilleux se livrant à des actes qui témoignent d'une intelligence bizarre et mal équilibrée. Le roi sans doute paraît être en pleine santé; mais le germe de sa maladie existe déjà et tous les prodromes en sont nettement indiqués par la brusquerie de ses décisions, le manque de jugement, l'orgueil effréné, l'amour des hommages flatteurs. C'est le pouvoir suprême qui semble avoir causé ce trouble de l'esprit; il n'a jamais trouvé de contradicteurs, tout doit obéir à sa volonté; il croit même commander à l'avenir et ne doute pas que tout n'arrive comme il l'ordonne. Ainsi dès le début on assiste au développement de la maladie qui éclatera plus tard. Les événemens tragiques qui vont suivre ne seront que la cause apparente et occasionnelle de cette folie; mais, comme il arrive presque toujours, le germe de cette affection mentale remonte plus haut. Le caractère du roi est si nettement dessiné dès le premier acte, qu'il a frappé par sa justesse non-seulement les médecins aliénistes, mais des critiques littéraires. C'est ainsi qu'on peut approuver complétement, au point de vue médical, la réflexion suivante de M. É. Montégut : « de l'enquête poétique à laquelle Shakspeare nous fait assister, il résulte que Lear était fou, même en pleine santé, longtemps avant

que le délire ne se déclarât, que cette folie n'aurait jamais été connue, si Gonéril et Régane ne lui avaient fourni par les procédés de
leur ingratitude une raison d'éclater. »

L'exaltation maniaque suit chez Lear la marche ordinaire. L'impressionnabilité exagérée du roi, sa *faiblesse irritable*, se traduisent par une extravagance de caractère et par des emportemens
que rien ne motive. Il quitte avec hauteur Gonéril pour se rendre
chez son autre fille Régane, il ne doute pas un seul instant qu'il ne
soit reçu avec tous les honneurs qui lui sont dus; mais déjà son
caractère change, il devient moins hautain, et il écoute sans irritation les vérités que lui dit son fou. Il sent que ses pensées se troublent, que son esprit est ébranlé par ce coup imprévu. Comme il
arrive chez beaucoup d'aliénés, Lear a le sentiment de son état, il
supplie le ciel de ne pas permettre qu'il devienne fou : « Que je
ne devienne pas fou, ciel clément! Gardez-moi en équilibre, je ne
voudrais pas être fou! »

Repoussé par sa seconde fille, humilié dans son orgueil de roi,
blessé dans son amour de père, le roi Lear pourrait encore conserver sa dignité et se retirer dépouillé, mais fier, le cœur gonflé de
mépris pour ses filles; mais, par cela seul qu'il est dans un état
pathologique, il va tomber d'une exagération dans une autre; il
s'humiliera jusqu'à renoncer à tous ses désirs, il s'abaissera à mendier ce qu'il rejetait avec dédain, il écoutera ses filles avec résignation, il essaiera même de se méprendre sur le sens de leurs paroles!
Cette succession si rapide de douleurs et d'émotions violentes chez
un homme qui a déjà présenté tous les symptômes de la manie à
l'état d'exaltation devait ébranler profondément sa raison; mais
Shakspeare ne se contente pas de toutes ces causes morales, il appelle à son aide le concours de la nature. C'est par une nuit de
tempête que le vieux roi erre au milieu de la campagne, sans abri,
tête nue, inconscient de ses souffrances physiques, « la tempête de
son âme enlevant à ses organes tout autre sentiment. » Bientôt son
exaltation s'apaise, la fatigue du corps l'emporte sur la surexcitation
de son âme, il commence à sentir le froid; aux émotions violentes
succède l'abattement, il s'attendrit, sanglote, et c'est lui, ce roi
autrefois si superbe, qui dit à son fou : « Comment vas-tu, mon
enfant? as-tu froid? Mon pauvre enfant, j'ai encore dans mon cœur
une place qui souffre pour toi. » La colère est tombée, l'énergie est
brisée, le cerveau est déprimé par une excitation trop violente; c'est
la fin de la lutte avec la raison.

Chacune de ces observations est remarquable de justesse et la
gradation des symptômes est observée avec une science que ne
saurait surpasser un médecin aliéniste. Les scènes suivantes nous

montrent peut-être d'une façon encore plus manifeste à quelle profondeur a pénétré l'intuition de Shakspeare dans l'étude de la folie.

Les premiers symptômes bien caractéristiques de l'aliénation apparaissent au moment où le roi Lear rencontre Edgar; au milieu de pensées incohérentes et d'illusions des sens, une seule idée le domine, il y revient sans cesse; c'est celle de l'ingratitude de ses filles. Avec la logique de la folie et grâce au travail instinctif de l'association des idées qui persiste dans ces états pathologiques, il attribue l'état misérable d'Edgar aux mêmes causes qui ont produit son malheur : « En es-tu venu là pour avoir tout donné à des filles? » Et lorsque Kent lui fait remarquer qu'Edgar n'a pas de filles, il s'écrie : « A mort, traître ! Rien n'aurait pu précipiter la nature dans un tel degré d'abjection, si ce n'est des filles ingrates. »

Les idées et les émotions violentes qui ont amené la folie exercent en effet presque toujours une influence déterminée sur la nature et l'objet des conceptions délirantes. Il est même souvent difficile d'établir une limite bien précise entre la folie et ce qui est encore le résultat physiologique, mais exagéré, de l'émotion qui a été éprouvée; la folie paraît ainsi souvent la continuation de l'émotion. Les hallucinations et les illusions portent dans ces cas le cachet de la douleur morale, et dans chaque cas particulier, à côté des symptômes généraux et communs à la plupart des malades, il y a une *note dominante* qui dépend de la violence du premier choc et surtout de la disposition d'esprit dans laquelle se trouve l'individu au moment où il est frappé. Cela explique les hallucinations du roi Lear, qui croit voir ses filles dans des escabeaux, et qui les fait juger par son fou, par Kent et par Edgar, qu'il proclame des justiciers. La simulation de la folie par Edgar sert de même à mieux faire ressortir tous les vrais caractères de la folie réelle du roi. Dès les premiers mots, ce contraste apparaît, nouvelle preuve et des plus remarquables du génie d'observation de Shakspeare. Edgar, malgré tous ses efforts, ne parvient pas à parler et à agir comme un fou réel; il ne faut pas une grande habileté pour reconnaître la simulation dans ses paroles. Comme tous ceux qui cherchent à simuler, il tombe dans des exagérations, suit les préjugés et les superstitions que le public prête aux aliénés. A l'entendre, un démon le tourmente, des esprits de différens noms habitent son corps; il répète à satiété : « Le méchant démon hante le pauvre Tom. »

Une des plus importantes questions de la médecine aliéniste, et sur laquelle on a vivement discuté, est touchée par Shakspeare. Le séjour des aliénés parmi d'autres malades du même genre leur est-il favorable, ou bien augmente-t-il et entretient-il les symptômes de la folie? On a prétendu qu'une telle société avait une influence fâcheuse et qu'il fallait autant que possible isoler les malades. Un grand nombre de médecins au contraire repoussent la séquestration et l'isolement; Shakspeare semble être du même avis. Le roi Lear en effet paraît plus tranquille lorsqu'il est en compagnie d'Edgar; il demande à rester près de lui, veut qu'il l'accompagne, se plaît à causer avec lui et le prend en affection. Cette influence morale qu'exerce la société est expliquée par ces réflexions d'Edgar : « Qui souffre seul, souffre surtout dans son âme, parce qu'il laisse derrière lui des êtres exempts de chagrins et des spectacles de bonheur ; mais lorsque le malheureux a des compagnons et que la douleur est associée à d'autres douleurs, l'âme esquive de grandes souffrances. »

Au début de la maladie du roi Lear, les conceptions délirantes sont fixes, de nature persistante et en petit nombre. C'est en effet ce qui arrive dans la première phase de la folie; plus tard, l'incohérence devient plus manifeste : aussi, quand au dernier acte nous retrouvons le roi Lear, il est moins exalté, mais le mal est plus profond. Il a des momens de gaîté, il se couronne de fleurs et chante à haute voix; les idées se succèdent constamment les unes aux autres, elles sont isolées, sans liaison; chaque circonstance occasionnelle en faisant surgir de nouvelles, leur association est légère et instable. L'intelligence cependant ne s'est point entièrement obscurcie; en dépit de la confusion des idées, la mémoire est fidèle, et quelquefois les pensées du roi Lear atteignent une élévation inattendue. Lorsqu'il se retrouve près de Cordélia, il semble avoir de courts éclairs de raison. Comme chez tous les malades de ce genre, alors même que leur état est plus ou moins susceptible d'être amélioré, Shakspeare nous montre l'intelligence du vieux roi incapable d'un effort prolongé et toujours d'une sensibilité exagérée. Il s'abandonne maintenant à son amour paternel pour sa fille Cordélia avec autant d'exaltation qu'il en avait mis autrefois dans ses colères et dans ses violences.

M. Bucknill et M. Brierre de Boismont ont remarqué avec raison que tout autre auteur dramatique n'aurait pas manqué de faire revenir à la raison le pauvre roi par la force de l'amour filial. Loin de tomber dans cette faute, Shakspeare n'indique que le degré d'amélioration qui était possible pour un individu dont la constitution était originairement d'une sensibilité exagérée, et dont le cerveau avait été profondément troublé par la maladie. A ne considérer que la science mentale, on serait tenté d'appliquer à chacun des épisodes du drame du *Roi Lear* les paroles que Voltaire eût voulu inscrire au bas de chacune des pages de Racine.

Un trait caractéristique de Shakspeare est que, chaque fois qu'il met en scène des personnages atteints d'aliénation mentale, il cherche à émouvoir le public en leur faveur, et on doit lui savoir encore plus de gré d'avoir parlé de la folie avec ces sentimens de sincère pitié que d'avoir su analyser si admirablement tous les symptômes de cette maladie. Partout il nous la représente digne de compassion, inoffensive, et il s'efforce d'attirer sur elle notre intérêt. En même temps il montre le ridicule du préjugé qui veut voir dans les aliénés des possédés et des êtres dangereux. Il faut se rappeler qu'à l'époque où vivait Shakspeare les fous étaient traités avec une cruauté sauvage; on les enfermait dans des maisons de correction, où ils étaient mêlés et confondus avec les criminels, ou bien on les jetait chargés de chaînes dans des cages, le plus souvent dans des réduits sombres et malsains. Ce fut peut-être un acte de courage d'avoir montré que la folie peut atteindre un roi aussi bien que le dernier des mortels; mais ce fut à coup sûr une pensée humanitaire qui fit affirmer à Shakspeare que l'aliénation mentale est une maladie qui a droit à tous nos soins et qui peut être guérie. Shakspeare, dans cette voie, a devancé Pinel, et c'est sans doute à son influence que l'Angleterre doit d'avoir été la première à élever un asile spécial pour les malades atteints de folie; c'est à l'hospice Saint-Luc de Londres, construit au siècle dernier, qu'ont été faites les premières tentatives en faveur de l'amélioration du sort des aliénés.

Les héros des drames de Shakspeare ont ce caractère particulier qu'ils nous apparaissent dans la plénitude de la vie avec tous les signes distinctifs de l'individualité. Dès les premières scènes, nous connaissons leur tempérament et nous pouvons prévoir comment ils vont agir dans toutes les circonstances. Avant qu'on ait aucune raison de supposer qu'Othello devienne jaloux, on peut déjà deviner comment il se conduira quand il le sera. Shakspeare ne cherche jamais à personnifier une idée abstraite; ses héros ne sont ni absolument vertueux, ni tout à fait criminels : ils sont humains. Lady Macbeth elle-même a les qualités de sa bestialité féroce, elle est épouse fidèle et aimante, « elle a nourri, et sait combien il est doux d'aimer l'enfant que l'on allaite. » Une telle conception des caractères est bien plus morale et plus vraie que celle des auteurs qui créent des types d'une telle perfection qu'ils ne répondent à rien de réel dans la nature. Qu'importe à Iago ou à Macbeth, d'un autre côté, les lois abstraites de la morale? Ils savent fort bien qu'ils font mal. Il nous semble qu'il serait ridicule, comme ne manqueraient point de le faire certains moralistes, de les montrer repentans après leurs crimes, en proie aux tortures de leur conscience et édifiant le monde par leurs remords. Ceux qui ont pu commettre de tels crimes sont incapables de ces beaux retours à la vertu. Malgré l'autorité et la puissance de la religion aux époques où vivent les personnages de Shakspeare, le poète n'a pas songé un instant à ces dénoûmens faux et mièvres; il a montré au contraire combien, en dehors de toute influence morale, le cours naturel des choses amène le châtiment.

Non-seulement les personnages de Shakspeare vivent et agissent selon leur tempérament, ils conservent leur caractère propre jusque dans leurs maladies et dans leur genre de mort. Le gros et gras Falstaff, bon viveur et buveur, a des accès de goutte qui attristent son humeur; « il lui est arrivé de quelque peu malmener les femmes, mais alors il souffrait de ses rhumatismes. » Comme la plupart des alcooliques, il meurt d'une congestion du cerveau et des méninges; « il bavarde de campagnes vertes, remue ses draps, joue avec des fleurs et sourit à ses bouts de doigts. » Cette agitation automatique des doigts et des mains, que les médecins appellent carphologie, est le signe d'un danger imminent et survient particulièrement dans les affections des méninges. En même temps, comme le décrit Shakspeare, « le nez est effilé et froid, » le sang se retire des membres, et la température s'abaisse peu à peu des extrémités au centre; « alors, raconte l'hôtesse qui assistait à l'agonie de Falstaff, il m'ordonna de mettre d'autres couvertures sur ses pieds : je mis ma main dans le lit et je les touchais; ils étaient aussi froids qu'une pierre; alors je touchais ses genoux, et puis je touchais plus haut et puis plus haut, et tout était aussi froid qu'une pierre. »

La mort d'Henri IV d'Angleterre est également en parfait accord avec la vie de ce prince soucieux, triste, indécis, épuisé d'insomnie. Les détails du drame permettent d'affirmer qu'il est emporté par une maladie du cœur. Il tombe en de fréquentes syncopes; des angoisses l'étouffent, il demande de l'air, et il prie qu'on le mette sur son séant. Le roi Jean, mort empoisonné, se plaint surtout de la soif qui le dévore; c'est en effet le symptôme caractéristique des inflammations du tube digestif. « Nul de vous ne voudra donc ordonner à l'hiver de venir et de mettre ses doigts glacés dans ma gorge ou de faire couler les rivières de mon royaume à travers ma poitrine haletante. » La description de l'état cadavérique de Glocester (*Henri VI*, acte III, scène II) est un vrai modèle d'expertise médico-légale; on ne saurait mieux dépeindre les signes de la strangulation : « cette face noire et infiltrée de sang, ces yeux sortant de leur orbite, ces narines ouvertes sous l'effort de la lutte, ces mains étendues comme celles de quelqu'un qui a étreint fortement, la barbe mise en désordre et emmêlée... »

Que d'autres descriptions du même genre nous pourrions encore citer, où l'on retrouve cette exactitude, cette délicate observation des faits! Ainsi dans un rêve agité Hotspur non-seulement parle haut de ses préoccupations de guerre; des gouttes de sueur coulent le long du front, et, remarque bien plus originale, « sur le visage passent d'étranges mouvemens pareils à ceux que nous voyons passer sur le visage d'un homme qui retient son souffle sous la nécessité de quelque grande hâte soudaine. »

Dans *le Conte d'hiver*, pour augmenter les remords du roi criminel, Shakspeare fait mourir son fils unique « par l'effet des terreurs d'imagination et des craintes que lui a inspirées le sort de la reine sa mère. » Cette mort peut paraître étrange; il semble qu'il y ait quelque exagération, au moins pour l'époque, à faire mourir si vite un jeune prince par suite du chagrin qu'il éprouve des malheurs de sa mère. Remarquez cependant avec quel art Shakspeare rend ce dénoûment naturel et logique, avec quelle science médicale il montre dès les premières scènes un enfant doux, aimable, d'une délicieuse gentillesse, un peu frêle, et, comme il arrive souvent chez les enfans de constitution délicate, d'une intelligence des plus précoces! On le voit se blottir dans les genoux de sa mère, la fatiguer de ses embrassemens, et dire à une dame d'honneur : « Je ne veux pas de vous, vous m'embrasseriez trop fort, et vous me parleriez comme si j'étais toujours un bébé! » Sa mère lui demande de lui réciter un conte, il le choisit triste, plein d'esprits et de revenans. « Il y avait un homme qui habitait près d'un cimetière; — je vais le dire tout bas, — les cri-cris là-bas ne l'entendront point. » Ces quelques mots, si insignifians en apparence, nous expliquent comment l'emprisonnement de sa mère fera naître dans cette jeune imagination, d'une nature si délicate, les terreurs mortelles de la fièvre.

Quelle vérité dans les scènes de *Tout est bien qui finit bien*, où le roi croit devoir sa guérison à une drogue secrète! Du temps de Shakspeare comme aujourd'hui, il existait, paraît-il, des spécifiques d'une souveraine infaillibilité, et des remèdes pour guérir les maladies les plus désespérées, « alors que les écoles, à bout de leurs doctrines, ont laissé le mal à lui-même. »

Nous n'avons pas épargné les éloges au profond psychologue qui est dans Shakspeare; nous ne dissimulerons pas ses erreurs médicales, d'ailleurs peu nombreuses. L'action toxique de la jusquiame, telle que l'a dépeinte le spectre dans *Hamlet*, est loin d'être exacte; il est impossible que cette substance versée dans l'oreille d'un homme endormi puisse aussitôt déterminer des ulcères et amener la mort. Nous n'insisterions pas, si Shakspeare ne spécifiait avec soin la nature et les effets du poison. Du moment qu'il prétend discuter doctement sur cette matière, on a le droit de lui demander quelque exactitude. A en juger par le choix qu'il fait de la jusquiame, il paraît que de son temps cette substance passait pour le poison le plus énergique.

La plus grosse erreur de Shakspeare se trouve dans la scène où Desdémone est étouffée par Othello. Le Maure ne frappe Desdémone d'aucun instrument tranchant, il ne lui fait aucune contusion, il ne se livre sur elle à aucune violence, il l'étouffe sous les oreillers. La mort arrive uniquement par asphyxie; c'est une action étrangère à toute lésion grave de l'organisme. Si cette cause mécanique cessait, la vie reviendrait aussitôt, alors même que déjà l'asphyxie aurait été presque complète. Une personne qui aurait été privée d'air pendant quelque temps échapperait à la mort, si elle pouvait encore respirer. Or, après avoir été étouffée, Desdémone proteste encore de son innocence et excuse Othello. Si elle peut parler, elle respire, et, si elle respire, il est impossible qu'elle meure asphyxiée. On conçoit qu'il ait répugné à Shakspeare de faire périr Desdémone par un meurtre sanglant : Othello ne saurait mutiler ce beau corps! Il fallait alors supprimer les paroles suprêmes de Desdémone.

Nous pouvons conclure de cette étude qu'il y a en Shakspeare, à côté du poète et du philosophe, un observateur des plus profonds, qui s'est rarement écarté de la vérité, quelle qu'ait été l'audace de son imagination. Il a donné à chacun de ses personnages le caractère spécial de son époque et même de sa race, et il a su, en même temps, marquer les qualités morales et les états psychologiques de chacun d'eux, selon son tempérament et son organisation physique. Il a ainsi imprimé à toutes ses œuvres le sceau de la réalité et de la vie. Dédaignant le merveilleux factice, il se sépare également de tous ceux qui ont cherché à introduire dans leurs drames ou dans leurs romans les données physiologiques et médicales, et dont les œuvres littéraires ne sont la plupart que des amplifications bizarres et fantastiques. Au lieu de reproduire avec une servile exactitude les élémens que fournissent les connaissances scientifiques, Shakspeare les domine, il leur assigne leur place et leur rôle, et en dépit des préjugés du temps, il leur donne leur signification réelle avec une clarté et une précision que l'on ne saurait assez admirer. Ce que nous réclamons pour lui, c'est le privilége d'une intuition merveilleuse et d'une puissance de conception qui restent toujours dans les limites de la vérité et du bon sens, tandis que son génie idéalise les faits les plus vulgaires et illumine les points les plus obscurs des passions humaines.

PARIS. — J. CLAYE, IMPRIMEUR, 7, RUE SAINT-BENOIT. [7S]